Thomas Spiegelhalter

Solare
Kieswerk-Architektur

Für die freundliche finanzielle Unterstützung bei der Herstellung des Buches danken wir den Firmen:
F. J. Linzmeier, Riedlingen,
Montana Bauelemente AG, Villmergen (CH).

Architektur-Skulptur:
Entwurf, Planung, Ausführung künstlerischer Gewerke:
Thomas Spiegelhalter, Freiburg/Br.
Tragwerksplanung und Statik:
Harry Rheinberger, Ingenieurbüro Egloff, Freiburg/Br.

Der Text von Manuel Cuadra (S. 6) erschien zuerst in:
Deutsches Architektenblatt, 25. Jahrgang, Juli 1993.

Das Buch erscheint zeitgleich zur Ausstellung von Thomas Spiegelhalter in der Galerie DER RAUM, Landwehrstraße 2, 64293 Darmstadt.

Foto: Umschlagbild und Seiten 4, 5, 12, 17, 21, 23, 24 oben, 25, 26, 27 oben, 28, 29, 33, 35 © Friedrich Busam, Dortmund. Courtesy: Architekturphoto, Bildarchiv der Architekturfotografen, Mainz; alle weiteren Fotos: Thomas Spiegelhalter.

Dieser Band ist auch gemeinsam mit den beiden ersten Bänden der Reihe »Architektur in der Kiesgrube/Gravel Pit Architecture«, als Kassette erhältlich, ISBN 3-927902-82-9.

1. Auflage 1993 © by Verlag Jürgen Häusser,
Frankfurter Straße 64, 64293 Darmstadt.
Gesamtherstellung: Steidl Göttingen.
Alle Rechte vorbehalten. All rights reserved.
Printed in the Federal Republic of Germany.
ISBN 3-927902-81-0

Thomas Spiegelhalter

SOLARE KIESWERK-ARCHITEKTUR
ZUM WOHNEN UND ARBEITEN

Gravel Pit Architecture, Vol. III
Architektur in der Kiesgrube, Bd. III

VERLAG JÜRGEN HÄUSSER

Manuel Cuadra
**Radikales Recycling – die Arbeiten
von Thomas Spiegelhalter**

Thomas Spiegelhalter vertritt die Idee eines »radikalen Recyclings«, durch das gebrauchte Bauteile nicht zerstört, sondern »remontiert«, das heißt, in der vorliegenden Form neu benutzt werden. Er sieht keinen Grund, mit dem Recycling zu warten, bis die Rahmenbedingungen günstiger sind. Aus seiner Sicht ist es bereits heute möglich, zeitgemäße Gebäude mit wiederverwendeten Strukturen und Materialien, auch unter Einbeziehung moderner Umwelttechnologien und in Niedrigenergiebauweise, zu errichten.

Seine Arbeiten zeigen, daß er bei der Umsetzung dieser Vorstellungen auch unkonventionellen Lösungen offen gegenübersteht, was die Gebäudeform angeht genauso wie die Bauweise und die Formensprache, solange er dem Ziel, aus bereits Vorhandenem etwas Neues und Brauchbares entstehen zu lassen, näher kommt.

Dementsprechend außergewöhnlich sind – in jeder Hinsicht – seine Bauten, wie beispielsweise die Architektur-Skulptur zum Wohnen und Arbeiten in Breisach am Rhein. Dieses hier dokumentierte Projekt beweist, wie aus den Anlagen stillgelegter Kieswerke brauchbare Bauten entwickelt werden können. Auf diese Weise entstand im Hafengebiet von Breisach eine künstlerisch gestaltete Architektur-Skulptur zum Wohnen und Arbeiten mit einer integrierten Medien- und Mehrzweckhalle. Die insektenartige Gebäudeskulptur ist in das mit Bauschutt modellierte Gelände eingelassen.

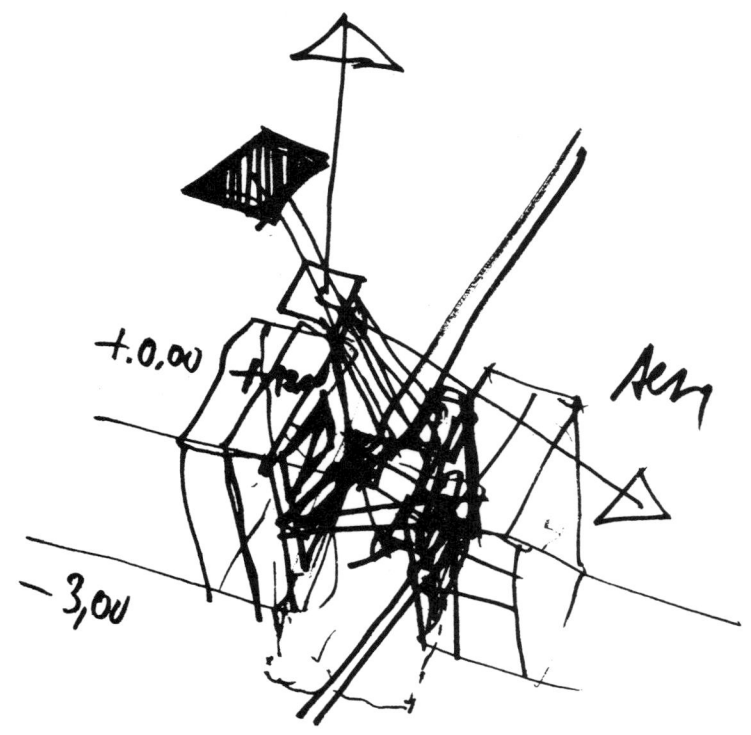

Gestalterisch zielt der Architekt und Bildhauer Thomas Spiegelhalter darauf ab, die Wiederverwertbarkeit nachvollziehbar zu machen, in dem er die wiederverwendeten Materialien und remontierten Konstruktionen bewußt im gestalterischen Prozeß, bei der Formfindung für seine Architektur-Skulptur, berücksichtigt.

Thomas Spiegelhalter
Architektur-Skulptur zum Wohnen und Arbeiten

Idee und Konzept: Für ein Ehepaar mit Kindern (beide Profimusiker und Kieswerkbesitzer), entstand in Breisach am Rhein ein unkonventionelles und experimentelles, künstlerisch-architektonisch konstruktiv-geformtes Gebäude, das nach ökologischen Gesichtspunkten energiesparend konzipiert ist.

Der überwiegende Teil der Baukonstruktionen ist vor Ort prozeßhaft entwickelt und realisiert worden, in einer Form von »work in progress«. Für die Architektur-Skulptur sind Recyclingmaterialien und remontierte Kieswerk- und Baggerseelemente konstruktiv eingesetzt worden.

Räume, Körper und Ebenen: Die Architektur-Skulptur ist konzipiert zum Wohnen und Arbeiten, sowie zum Musizieren und Komponieren und für die damit verbundenen Veranstaltungen.

Die Räume sind flexibel gehalten, so daß Veränderungen vorgenommen werden können, beispielsweise aus Arbeitsräumen Wohnräume zu schaffen und umgekehrt. So sind Mischfunktionen zwischen Wohnen und Arbeiten oder auch Gebäudeerweiterungen möglich.

Das Grundstück liegt am Rande eines Mischgebietes (Gewerbe und Wohnen) im Breisacher Hafengebiet und ist mit recyceltem Bauschutt und Erde organisch modelliert. Wie nach einer sanften Landung schiebt sich die deutlich in ihrer Bewegung und Richtungsdynamik (von Ost nach West) ablesbare **Skulptur,** wie ein übergroßes Insekt, tief in das Gelände.

Durch den ausgefahrenen »Landesteg« der Stahlbetonrampe wird die Umgebung in den Gesamtkörper hineingeführt und demonstriert neben den schwebenden Energieflügeln deren raumgreifenden Landschaftscharakter.

Die zu der Architektur-Skulptur gehörenden ineinander greifenden zwölf Teilkörper sind in sich wieder durch 16 Durchdringungs- und Verbindungsebenen in den Räumen sichtbar gegliedert.

Der unter und auf dem »Landesteg« der freitragenden Stahlbetonrampe zentral gelegene Eingangsbereich erweitert sich im Inneren der Skulptur zu einem Treppen- und Flurgelenk mit solargläsernen Koppelelementen, zwischen den sich durchdringenden Baukörpern.

Dieses vertikal-diagonale Erschließungselement aller Ebenen und Körper verbindet insbesondere die beiden fünf Meter hohen Gebäudeschwerpunkte der solarverglasten Wohnhalle und der teilweise im Gelände vertieften Medien- und Mehrzweckhalle.

Die größtenteils solarverglaste Längsfront als thermisch vorgelagerte Pufferzone, orientiert und öffnet sich im Süden zur Sonne und ermöglicht so ganzjährig passive und aktive Sonnenenergienutzung.

Dieser Dimensionierung der Körperöffnungen von extrovertierten Räumen im Süden, wird im Nordbereich mit introvertierten Raumproportionen und -öffnungen entsprochen.

Die im Südbereich an den Baukörper angelenkten Solargeneratoren und Kollektoren, dienen in ihrer funktionalen und ästhetischen Ausformung zugleich als Überdachung, Sonnenschutz und Windfang, der so optisch erkennbaren Eingangsbereiche der Wohn- und Medienhalle.

Neben der sinnlich erfahrbaren, schwebenden Solargeometrie der Energiemodule, wirkt das von den Jahreszeiten abhängige, prozeßhafte Entstehen und Vergehen der jeweiligen Pflanzenbiotope im Inneren und im thermisch getrennten Äußeren der begrünten Gebäudeskulptur.

Sonnenkollektoren- und Solargeneratorensysteme, Bad, WC, Küche, Ver- und Entsorgungsräume und die Regenwassersammelanlage, bilden von oben nach unten über 16 versetzte Raumebenen einen technisch-künstlerischen Zusammenhang.

Alle Energie-, Ver- und Entsorgungsleitungen sind von innen nach außen und von oben nach unten als ablesbarer Strang, in Signalfarben, wie sichtbare Nerven- und Arteriensysteme angeordnet.

Architecture and Improvisation

S. M.-M.: Mr. Spiegelhalter, you're working in Freiburg as a sculptor, architect and communications designer. These three fields, which you have also studied, are directly connected with your attitude to and interest in intercultural activity and personal development towards crossing borders and eventually doing away with them alltogether. What do you think of the traditional demarcations between the various fields?

T. S.: I think the traditional division into "art on this side and architecture on the other" is quite obsolet and stifles communication between the various media. These divisions result from the old-fashioned monist mind set stemming from rigid adherence to the categories recognized by officialdom even though they are doggedly defended by some educational institutions. We have to form different categories nowadays and we have to think and act more in terms of networking. The context or contexts in which frequently changing projects take place challenge a wide range of analytical, expression and communications resources. And the medium of expression chosen by the visual artist, the designer and the architect or anyone working in all three fields are often very similar: sketches, drawings, colour, models, one-to-one installations, actions, video, film, computers or the cyberspace technologies which are still in their infancy, to name a few.

S. M.-M.: So you experience, process and act in a wide variety of media?

T. S.: Exactly, for we shouldn't forget that we have over twenty sensory receptors, as is well known, and as far as our perceptive faculties are concerned, have been subjected to cultural discourse of a physical nature since childhood; in fact, we have been stimulated and trained to perceive from more than one perspective, in a sense. How much we then actually interiorize the transference of acculturation percepts and behavioural rules is shown in all sorts of ways in the almost inexplicable diversity of designs, projects and visions very different artists produce. Anyone trying to understand human communications and design must learn to include both the psyche and the brain, the biological and cultural framework of human existence from the egg cell to the sexually mature individual. Intercultural forms of expression are not rigid and static but flexible, open to new interpretations in structures and contexts which are constantly changing according to their pragmatic context.

S. M.-M.: The concept of transformation recurs frequently in publications and broadcasts about you. How is this concept connected with the specific projects you're working on? How would you describe the way you approach design and translating this into material?

T. S.: I usually deal with new situations in a playfully intuitive way. If people, personalities, are concerned, the ability and willingness to empathize with the feelings, thoughts and motives of people from other cultures play a major part. Playing and experimenting intuitively is more than just a child-like process here. These are, primarily, steps in a learning process in a changing world without functionalist dogma, but marked by willingness and ability to improvize. That is why contemporary intelligence research centres on the child as object, because children learn to adapt to their environment through play. Nowadays, with resources in recycling-related issues and the processing and transformation of things, these abilites play a key role.

S. M.-M.: How has "being a child" in the figurative sense affected your architecture-sculpture project?

T. S.: On this experimental-playful basis, in connection with years of studying and experimental projects in abandoned gravel-pits and flooded gravel-pits, an architecture-sculpture 2 500 cbm in volume and 16 storeys high to live and work in has been built on the Upper Rhine near Freiburg. What was at first just playing with recycling forms and ideas took on form. Alternately moving and static gravel-pit forms, the penetration and overlaying structures typical of gravel-pits, were further developed as a project from the building and topographical situation available, which could be changed, both on the water and on land.

S. M.-M.: In addition to the design which has been carried out, I see in this project a thoroughly worked-out energy conception which, however, has not remained in the technical stage but is suffused with and taken over by the "Gestalt idea".

T. S.: The interpenetration of the various media drawn on matters a great deal to me. The building-sculpture of reassembled gravel-pit elements is exposed to the sun and not only conserves energy by means of preset glass elements and through the highly insulated shell of the building, but even produces solar energy with active collector and photovoltaic systems. The energy producing unit of the sculpture was publicly funded as a research project and looks like an oversized insect wing. It's a surface for producing energy, yet it gives protection from the sun, shade, that is, and is also a plastic-planar entry-cumspatial element of the entries to the sculpture with an integrated media room for 100 visitors. High tech and rustcoloured forms co-exist in cheerful profusion; they're interdependent and, as far as form and colour are concerned, have entered into a tentative symbiotic relationship with the rubble thrown up during construction, which has been shaped into grounds. Tentative, because any vegetation which happens to grow and patina caused by the ravages of time, or even any structural changes or renovation may affect the sculpture.

S. M.-M.: That all sounds very sensous and sophisticated. In addition to building and making sculpture from gravel-pits and flooded gravel-pits, are you building and modelling any one-of-a-kind works which can be reproduced serially or are you against reproduction and mass production?

T. S.: I confront the statue-like immutability of conventional architecture and sculpture with the process form, which implies modifying any old or new site contextually without having to do without a definitive core. I use constituents taken from mass produced prefabricated elements which are individualized in transformation. Individuality is to emerge from multiples or serial production so that anywehre and at any time material and form can stand up for themselves. The critical use of modern technology just as much a part of this as actually handling the plastic material.

S. M.-M.: You teach and research into "plastic and spatial representation" in Leipzig as a professor of architecture. What's your response to students? What's most important to you?

T. S.: Discovering with students the richness and diversity of a world or worlds in which we do not understand recognizing and understanding simply as a representation of externals but as the continual process of producing a world through living life itself.

Architektur und Improvisation

S. M.-M.: Herr Spiegelhalter, Sie arbeiten in Freiburg als Bidhauer, Architekt und Kommunikationsdesigner. Alle drei Disziplinen, die sie auch studiert haben, stehen in unmittelbarem Zusammenhang mit Ihrer Lebenseinstellung für ein interkulturelles Wirken und Sich-Entwickeln im Sinne von Grenzüberschreitungen und Grenzaufhebungen. Was halten Sie von den traditionellen Grenzziehungen zwischen den Disziplinen?

T. S.: Ich halte die traditionellen Aufteilungen »hier die Kunst und dort die Architektur« für relativ veraltet und für die Existenz von Kommunikation innerhalb der Disziplinen für erstickend. Dies sind alte, monokausale Muster, die aus einem verkrampften Amtssyndrom entspringen, auch wenn sie immer noch an gewissen Ausbildungsinstituten verbissen verteidigt werden. Wir müssen heute ganz andere Kategorien bilden und mehr in Vernetzungen denken und handeln. Der Kontext oder die Kontexte beispielsweise, in wechselnden Projekten, fordern unterschiedliche Analyse-, Ausdrucks- und Kommunikationsmittel heraus. Und die Ausdrucksmittel des Künstlers, des Designers oder des Architekten, oder desjenigen, der alle drei verbindet, sind doch oft sehr ähnlich: Skizze, Zeichnung, Farbe, Modell, Eins-zu-Eins-Installation, Aktionen, Video, Film, Computer oder die noch in den Kinderschuhen steckende Cyberspace-Technologie, um nur einige zu nennen.

S. M.-M.: Erleben, verarbeiten und agieren Sie also in einer Vielfalt von medialen Mitteln?

T. S.: Genau das, denn wir dürfen nicht vergessen, daß wir bekanntermaßen über 20 Sinnesrezeptoren verfügen und auf unsere Wahrnehmungserfahrung bezogen einem kulturellen Diskurs körperhafter Art von Kindesbeinen an unterworfen waren, ja gewissermaßen in der einen oder anderen Perspektive entsprechend simuliert und trainiert wurden. Inwiefern wir dann die Übereignung von kulturellen Wahrnehmungs- und Verhaltensregeln als Basiswissen syntaktisch-vorschriftsmäßig verinnerlichen, zeigt sich ja in unterschiedlicher Weise in der zum Teil erläuterungsbedürftigen Vielfalt von Entwürfen, Projekten und Visionen gegensätzlicher Künstler. Wer menschliche Kommunikation und Entwürfe zu verstehen versucht, muß Psyche und Gehirn, muß den biologischen und kulturellen Rahmen unserer Existenz, von der Eizelle bis zum geschlechtsreifen Zustand, mit berücksichtigen lernen. Die interkulturellen Ausdrucksformen sind aber nicht starr, nicht statisch, sondern flexibel, offen für neue Interpretationen in ständig sich verändernden Strukturen und Umgebungen der jeweiligen Kontexte.

S. M.-M.: Der Begriff Transformation kommt immer wieder in Publikationen und Sendungen über Sie vor. Was verbindet diesen Begriff mit Ihrer konkreten Projektarbeit? Wie würden Sie Ihre Herangehensweise beim Entwerfen und Umsetzen beschreiben?

T. S.: Nun, ich setze mich meistens spielerisch-intuitiv mit neuen Situationen auseinander. Sind damit auch Menschen, Charaktere verbunden, so spielt die Fähigkeit und Bereitschaft zum Verstehenwollen von Gefühlen, Gedanken und Motiven anderer Menschen, anderer Kulturen eine wesentliche Rolle. Intuitiv zu spielen und zu experimentieren sind hier mehr als ein kindlich anmutender Prozeß. Es sind in erster Linie Lernschritte ohne Funktionalitätsdogmen in einer veränderlichen Welt, mit der Bereitschaft und Fähigkeit zur Improvisation. Deshalb gilt ja in der zeitgenössischen Intelligenzforschung nicht der »erwachsene, fertige Experte«, sondern das Kind als Vorbild, das eben spielerisch lernt, sich in seiner Umwelt zu orientieren. Gerade in der heutigen Zeit immer knapper werdender Ressourcen und damit zunehmender Fragestellungen im Bereich des Recyclings, des prozeßorientierten Umwandelns von Dingen, spielen diese Fähigkeiten eine bedeutende Schlüsselrolle.

S. M.-M.: Wie hat sich dieses im übertragenen Sinne »Kind-Sein« auf Ihr Projekt »Architektur-Skulptur« ausgewirkt?

T. S.: Auf dieser experimentell-spielerischen Basis, bezogen auf meine langjährigen Studien und Versuchsobjekte mit stillgelegten Kieswerk- und Baggerseeanlagen, entstand am Oberrhein bei Freiburg eine Architektur-Skulptur zum Wohnen und Arbeiten in der Große von 2 500 cbm in 16 Geschoßebenen. Aus einem zunächst spielerischen Ideen- und Formenrecycling wurde konkrete Gestalt: Sukzessiv bewegte und statisch starre Kieswerkformen, kieswerktypische Durchdringungs- und Überlagerungsstrukturen wurden aus der vorhandenen und veränderbaren Baukörpersituation und Topografie, zu Wasser und zu Land, künstlerisch weiterentwickelt.

S. M.-M.: Neben dem gestalterischen Entwurf sehe ich bei diesem Projekt auch ein intensiv durchgearbeitetes Energiekonzept, das aber nie rein technisch bleibt, sondern stets von der Gestalt-Idee durchdrungen und überlagert wird.

T. S.: Diese Durchdringungen der verschiedenen medialen Bereiche sind mir sehr wichtig. Die Gebäudeskulptur aus remontierten Kieswerkelementen ist zur Sonne ausgerichtet und gewinnt neben der Möglichkeit passiver Energienutzung durch vorgeschaltete Glaskörper und durch die hochwärmegedämmte Gebäudehülle auch noch mit aktiven Sonnenkollektor- und Photovoltaiksystemen Solarenergie. Die Energiegewinnungsanlage der Skulptur wurde als Forschungsprojekt öffentlich gefördert und wirkt wie ein übergroßer Insektenflügel. Sie ist zugleich Energiefläche, Sonnenschutz- beziehungsweise Schattenspender oder plastisch-flächiges Weg-Raum-Element zu den Eingängen der Skulptur mit der integrierten Medienhalle für 100 Besucher. High-Tech und rostig-farbige Formen koexistieren fröhlich neben- und miteinander, sie bedingen sich geradezu und gehen mit dem aus Bauschutt modellierten Gelände eine vorläufige Formen- und Farbsymbiose ein. Vorläufig deshalb, da die Spontanvegetation und das Patina, der Zahn der Zeit durch die Abnutzung oder gar durch künftig bauliche Änderungen oder Umstrukturierungen die Skulptur beeinflussen.

S. M.-M.: Das alles klingt sehr sinnlich und komplex. Bauen und plastizieren Sie neben den angesprochenen Architekturen aus Kieswerken und Baggerseen nun lieber Unikate mit seriell-realisierbarem Charakter oder sind Sie ein Gegner der Wiederholung und Massenanfertigung?

T. S.: Ich setze gegen die statuarische Unveränderlichkeit der herkömmlichen Architektur und Skulptur die Form des Prozeßhaften, die eine Modifikation für jeden alten oder neuen Ort kontextuell beinhaltet, ohne dabei auf einen verbindlichen Kern zu verzichten. Ich verwende durchaus Strukturen von Massenobjekten und Bauteile, die industrielle gefertigt wurden, aber dann in ihrer Umwandlung einen Eigensinn erhalten. Aus Multiples, aus Seriellem soll Individuelles hervorgehen, so daß an jedem Ort und in jedem Moment das eigene Material und die eigene Gestalt zugestanden werden kann. Der kritische Einsatz moderner Technologien gehört dabei ebenso dazu, wie die sinnliche Arbeit am plastischen Material.

S. M.-M.: Sie lehren und forschen in Leipzig als Architekturprofessor »Plastisches und räumliches Darstellen«. Wie gehen Sie auf die Studenten ein? Was ist für Sie das Wichtigste?

T. S.: Indem ich mit Studenten zusammen den Reichtum der Vielfalt einer Welt oder der Welten entdecke, in der wir das Erkennen und Begreifen nicht als eine bloße Repräsentation der Welt da draußen verstehen, sondern als ein andauerndes Hervorbringen einer Welt durch den Prozeß des Lebens selbst.

Dieses Interview mit Thomas Spielgehalter (T. S.) führte Stefan Meyer-Miethke (S. M.-M.)

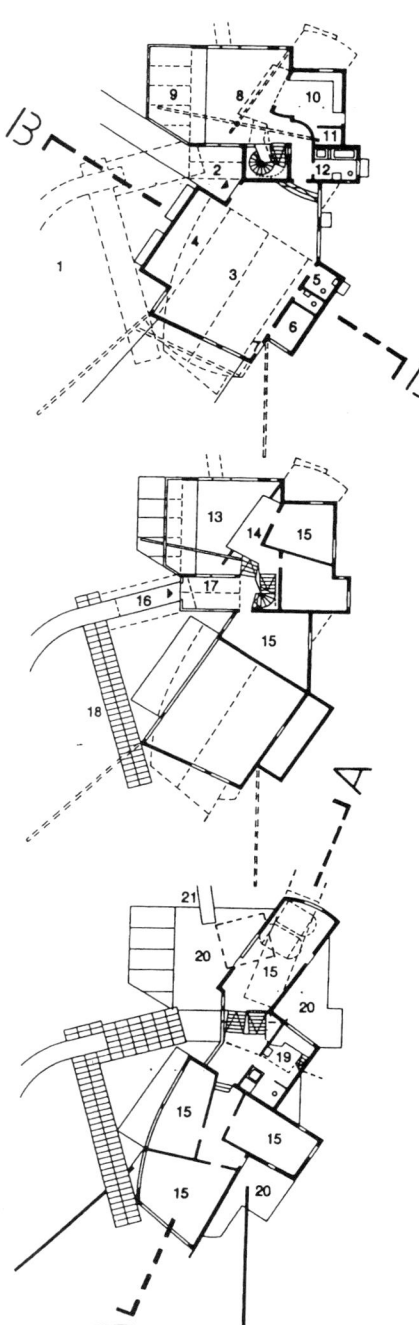

Gebäudedaten:

Lage: Breisach am Rhein, Stadtrand - Hafengebiet, 189 m über NN
Grundstücksgröße: 1715 qm
Umbauter Raum: 2127 cbm
Gemischte Wohn- und Arbeitsfläche: 613 qm
UG: 133 qm (1 Ebene)
EG: 205 qm (6 Ebenen)
ZG: 81 qm (5 Ebenen)
DG: 194 qm (3 Ebenen)

Primärsystem

Ausführung in massiver, hochwärmegedämmter Niedrigenergiebauweise, Geschoßdecken mit Betonfertigteildecken. Konstruktive Elemente, Additionen, Subtraktionen, Verbindungen und Durchdringungen werden in ihren Entstehungszuständen ablesbar belassen. Maurer- und Stahlbetonarbeiten, sägerauhe, ungehobelte Holzarbeiten, werden nicht materialaufwendig in Textur und Struktur veredelt, sondern substantiell erhalten, teilweise wie ein Aquarell lasiert, Spuren und Prozesse dokumentierend.

Sekundärsystem

Leichtbauelemente wiederverwendeter Kieswerkkonstruktionen, Energiegewinnungsmodule und Regenwasseranlage sind in ihrem Durchdringungs- und Anschlußbereich (von innen nach außen) thermisch vom Baukörper getrennt und gleichzeitig mit ihm in seiner kinetischen Struktur verbunden.

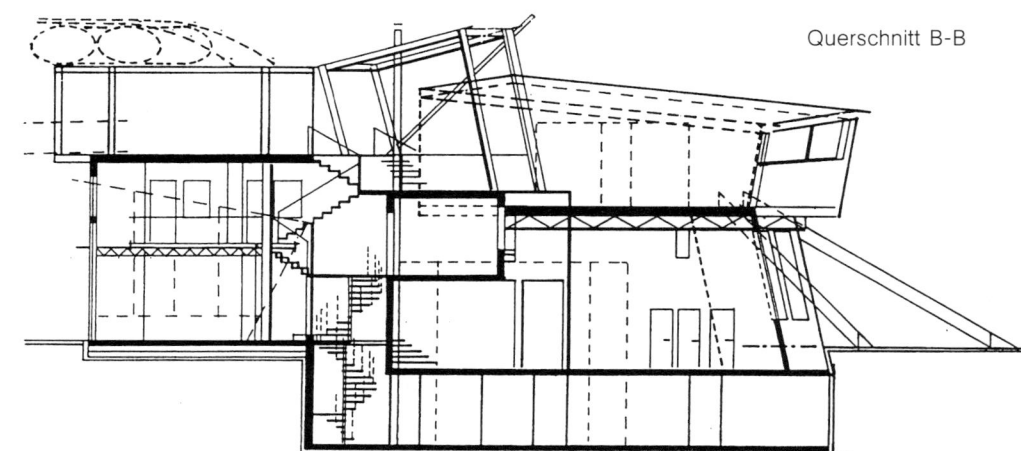

Querschnitt B-B

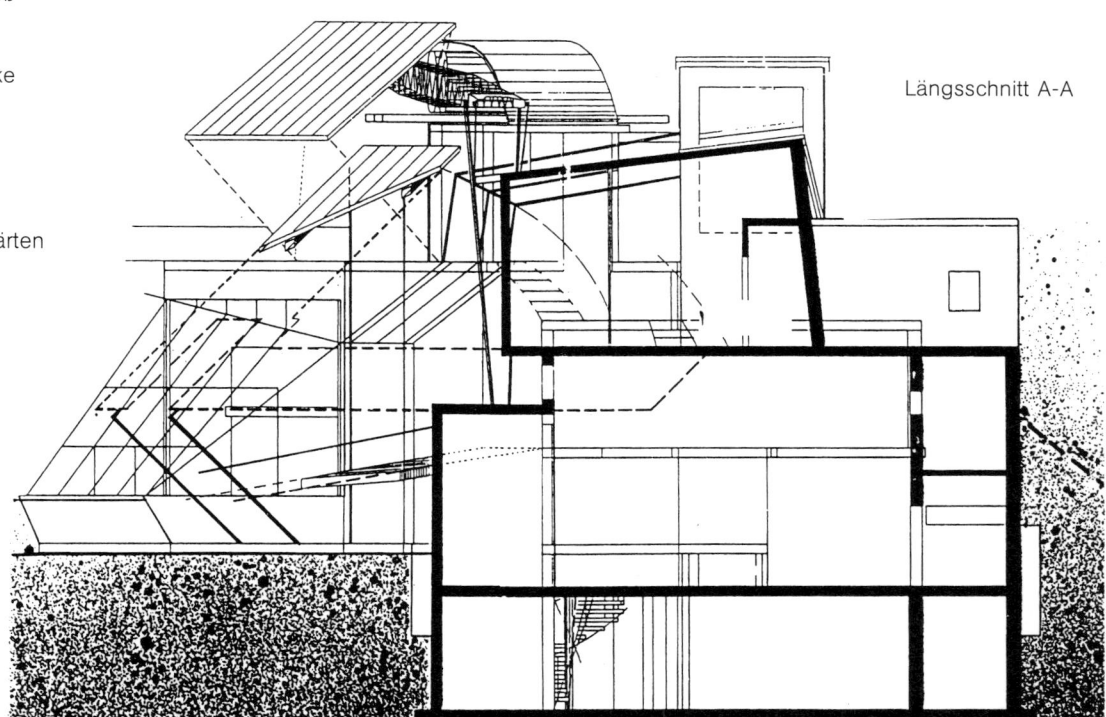

Längsschnitt A-A

Von oben nach unten:
Erdgeschoß (6 Ebenen), Zwischengeschoß (5 Ebenen), Dachgeschoß (3 Ebenen)
 1 Teich mit Spontanflora
 2 Rampe unter der Wohneingangsbrücke
 3 Medien- und Mehrzweckhalle
 4 Bühne
 5 WC, Halle
 7 Notausgang
 8 Wohnhalle/Allraum
 9 Solargewächshaus mit hängenden Gärten und Aquarien
10 Küche, verglast zur Aufenthaltshalle
11 Speisekammer
12 Bad mit WC
13 Luftraum Wohnhalle
14 Galerie
15 Wohnraum/Arbeitsraum
16 Rampenbrücke
17 Solarverglaster Haupteingang
18 Photovoltaikanlage
19 Tropenbad
20 Sonnendeck und Pflanzenterrasse; recycelter Baggerseelaufsteg mit Treppenplastik

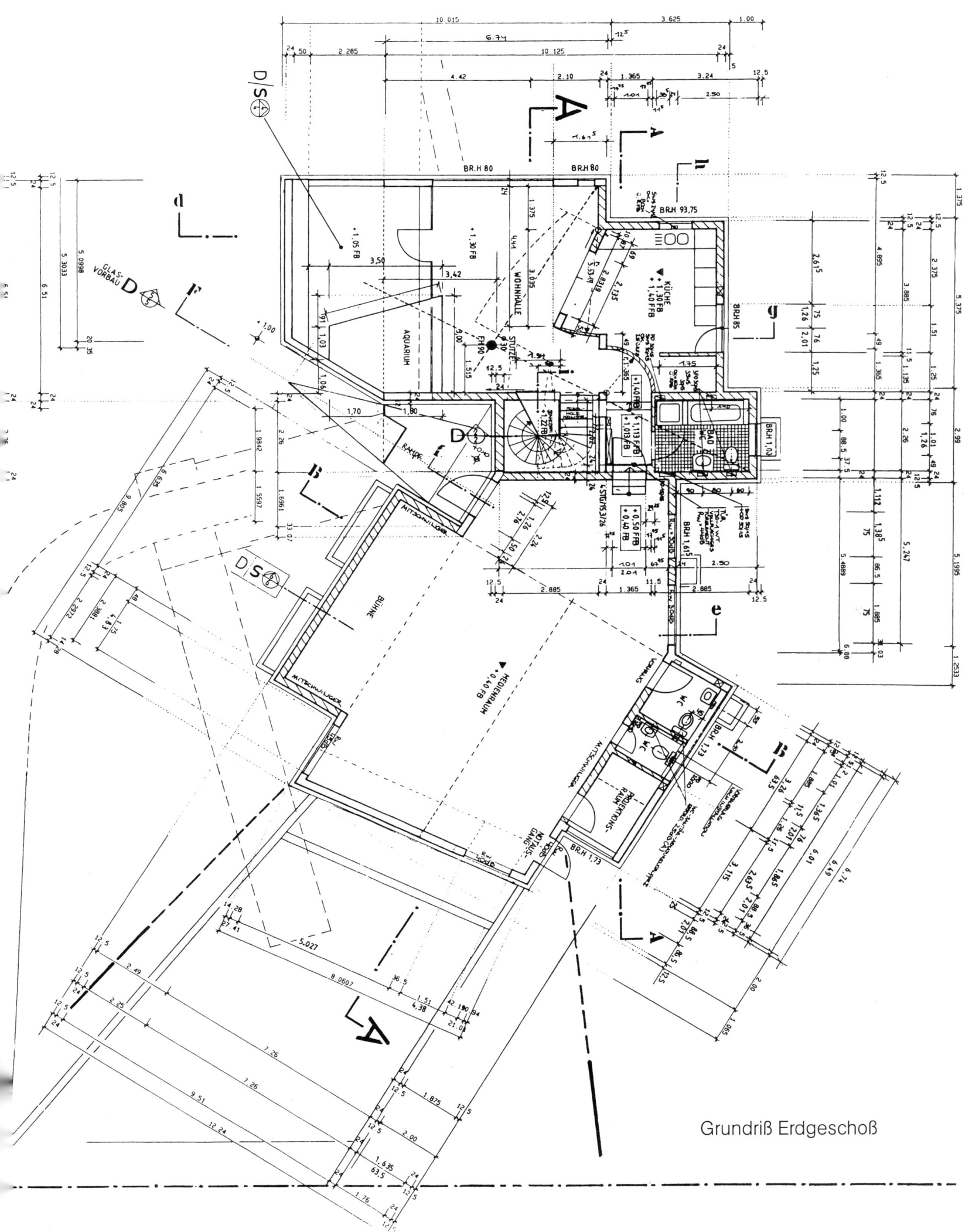

Grundriß Erdgeschoß

Durchdringungen und Einfügungen: Arbeitskörper mit rauhem, flächigem Putz, WC und Duschraum mit rauher Holzverschalung, Wohnraum und Aufenthaltsräume in Wellblech gefaßt.

Ostansicht mit Blick auf die freitragende Stahlbetonrampe und auf die 54 qm große Photovoltaikanlage, auf die Medien- und Mehrzweckhalle mit eingeschobener Bühne und auf das mit Wellblech verkleidete Dachgeschoß.

Nordansicht auf den Dachgeschoßbereich mit der plastisch-räumlichen Durchdringung und den nach außen hin lesbar gestalteten Energiesystemen und Leitungsführungen.

Nach Süden ausgerichtete Solarverglasung der Wohn- und
Aufenthaltshalle und der Sonnenkollektoranlage

Schnittpunkte und Überlagerungen der Leicht-
baukonstruktionen, der Geländer- und Entwässerungs-
systeme im Südwesten des Gebäudes

Geländer des Grasdachbereichs und Unteransicht auf die
Konstruktion der Photovoltaikanlage

Westansicht

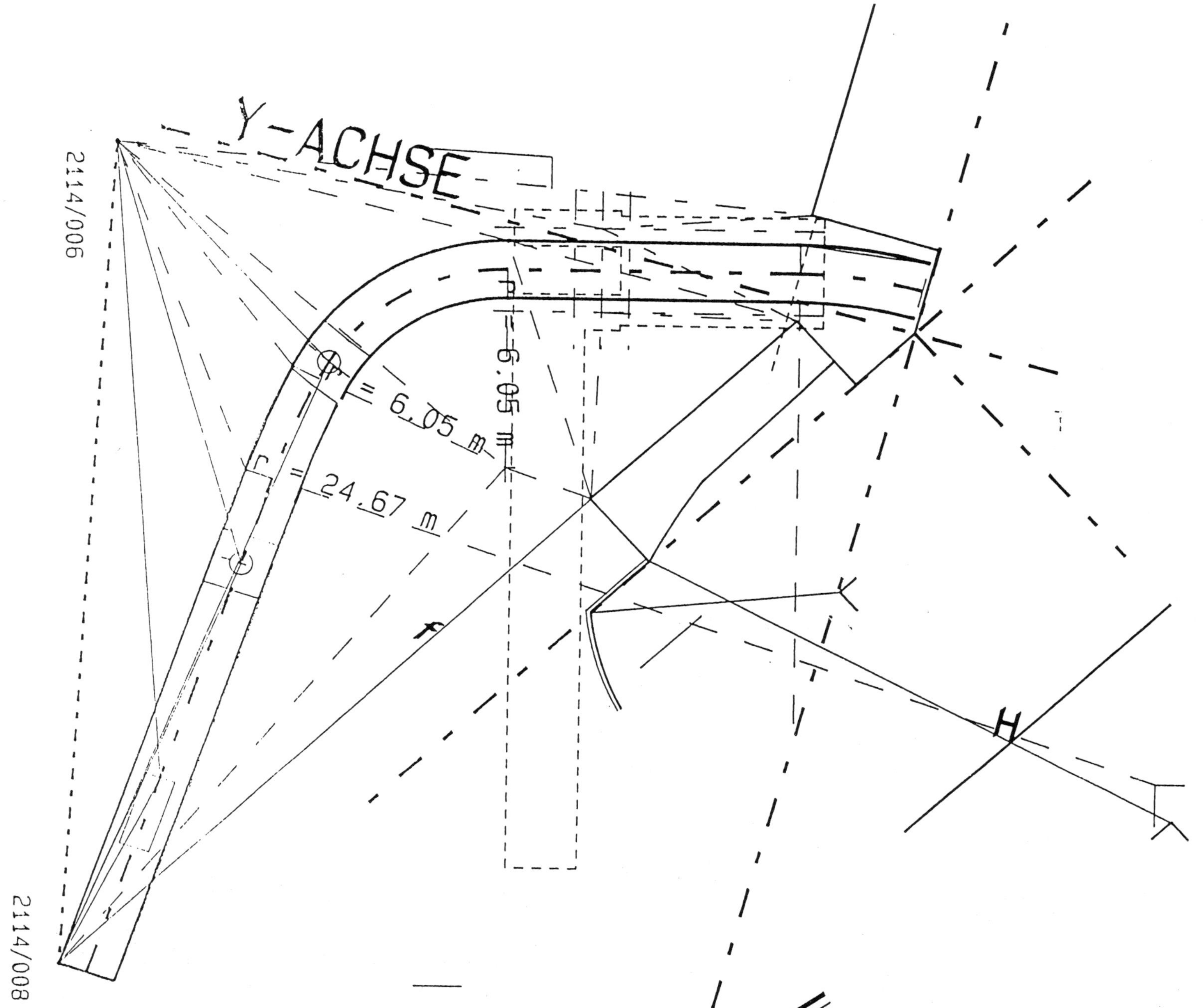

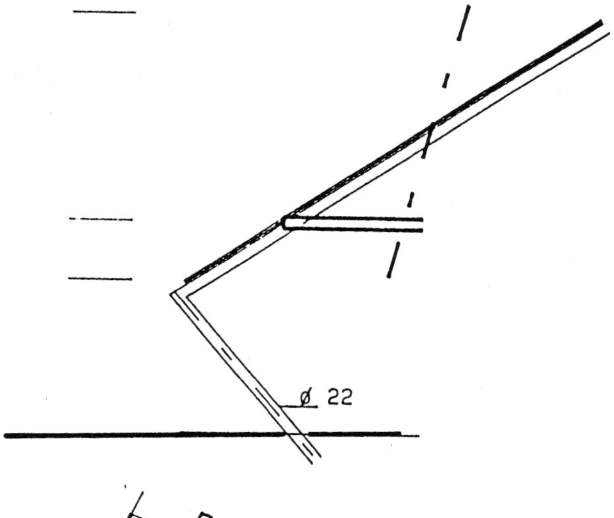

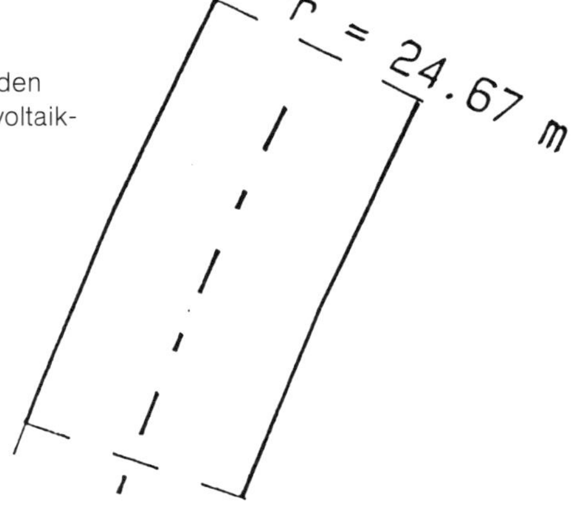

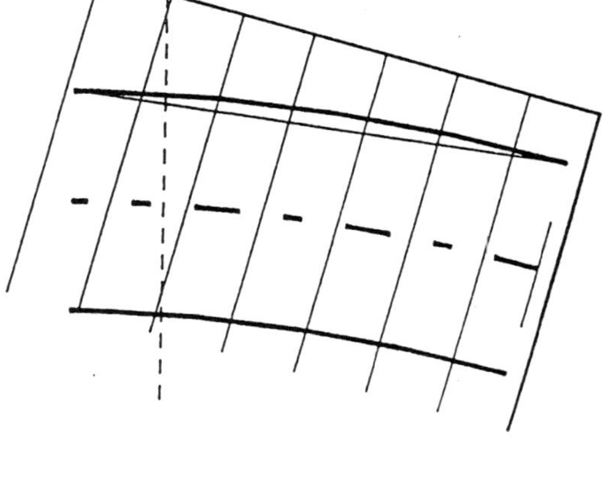

Y-ACHSE

2114/006

= 6,05 m
= 6,05 m
r = 24,67 m

2114/008

⌀ 22

r = 24,67 m

CAD-Maßkoordinaten der freitragenden
Erschließungsrampe und der Photovoltaikanlage in exakter Südausrichtung

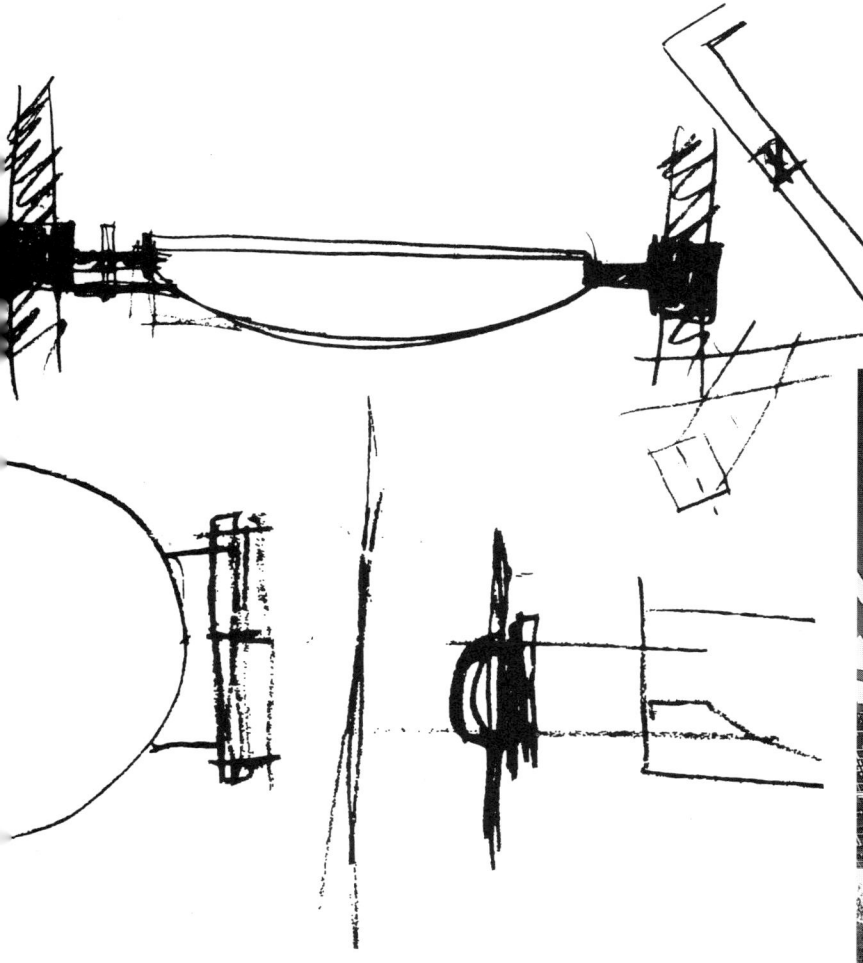

Die Stahlstützen und die Betonrampe im Eingangsbereich der Medienhalle, von unten gesehen

Blick auf die Betonrampe direkt vor dem Eingang

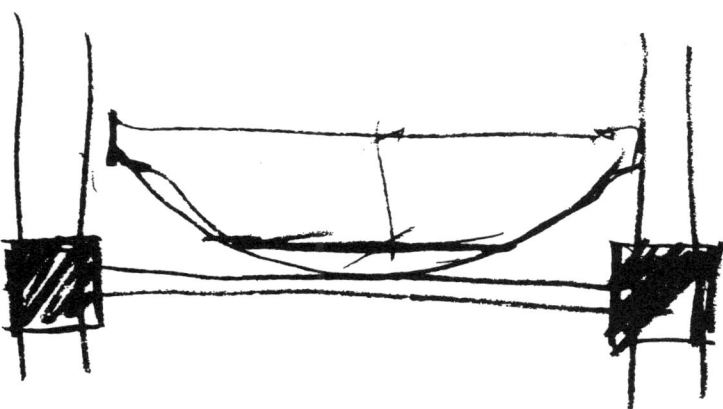

Entwurfsskizzen zur Auflagerkonstruktion der Stahlstützen der Photovoltaikanlage und der Stahlbetonrampe

Blick auf die Medienhalle

Medienhalle im Erdgeschoß

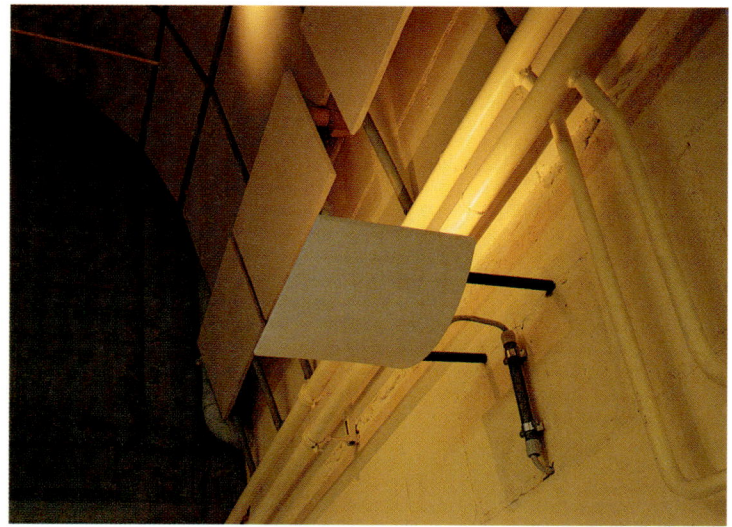

Beleuchtung und Teile der Akustikplatten

Bilder einer Wochenendtagung, die in der Medienhalle stattfand

Rezeptionsanlage im Medienraum; im Hintergrund der Bühnenraum

Medienhalle im Erdgeschoß

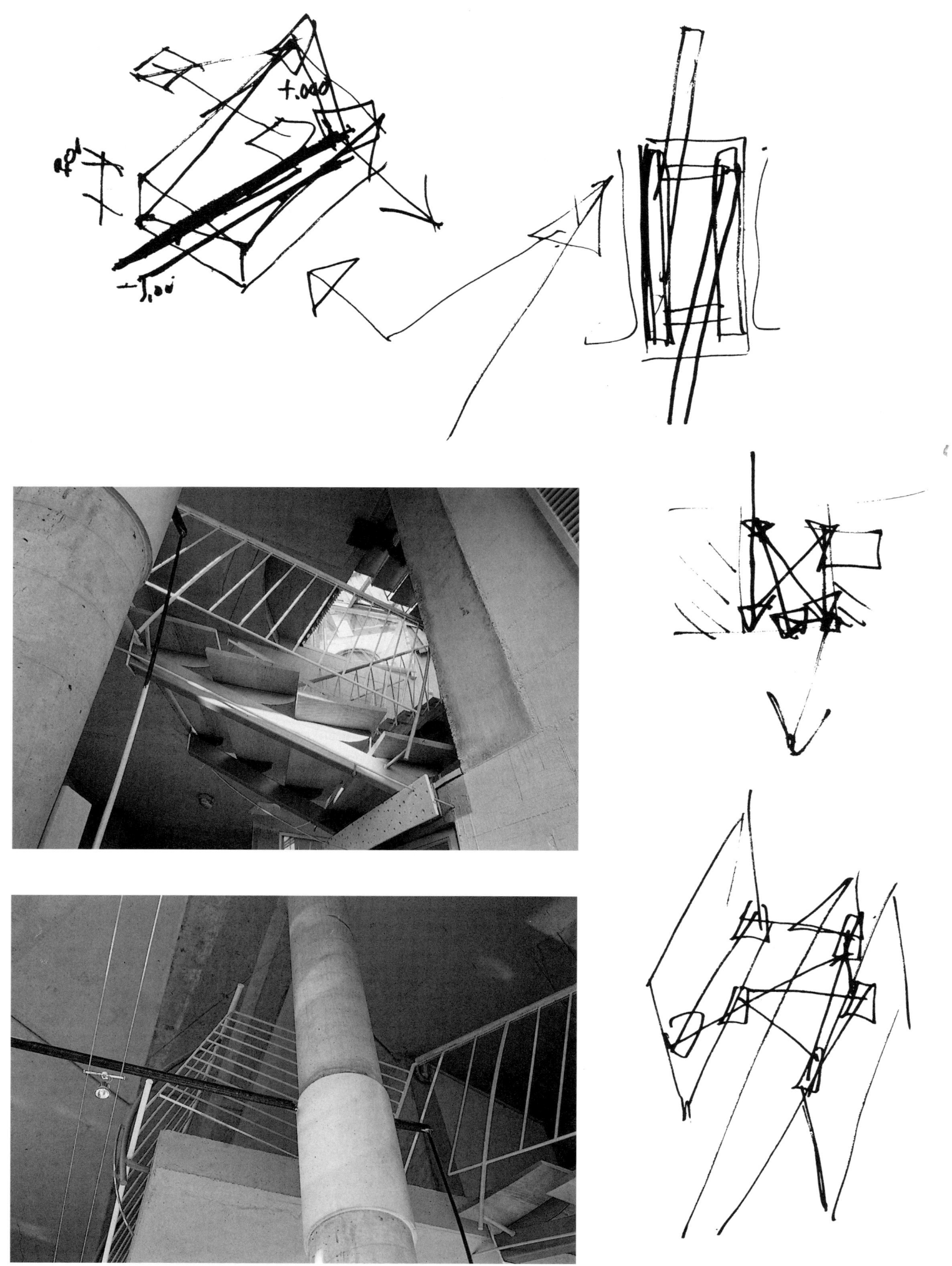

Ausschnitte der Haupttreppenanlage zwischen den Geschossen

Blick von der Wohnhalle Richtung Küche und Treppenhaus, auf den eingestellten zweigeschossigen Raumkörper

Kommunikationssäule, mit Blick auf die Aquarien

Küche, mit Blick in die Wohnhalle

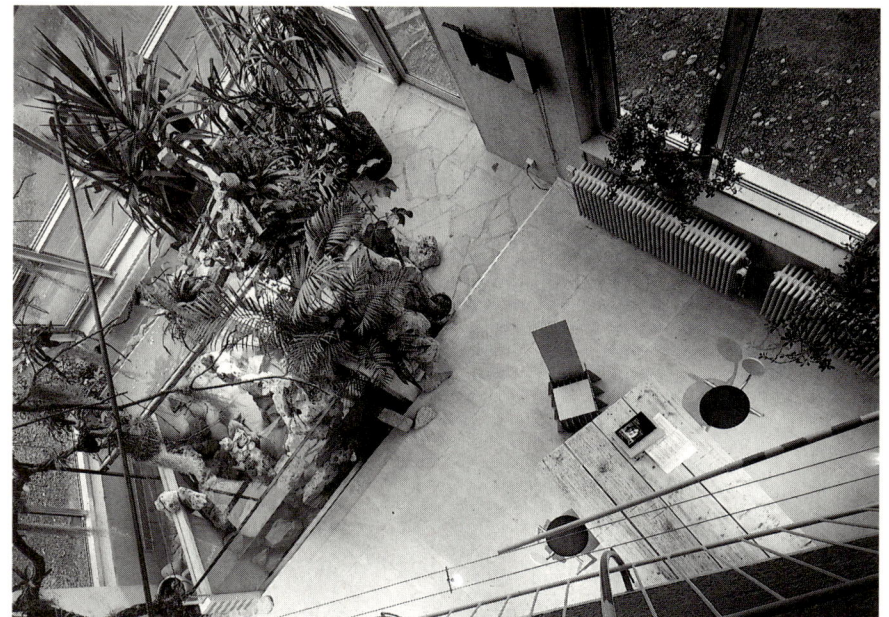

Blick vom Zwischengeschoß in die Wohnhalle

Vom Zwischengeschoß nach unten in die Wohnhalle (Ausschnitt)

Blick in die solarverglaste Haupttreppenanlage zwichen den
Geschoßebenen, mit zahlreichen Aus- und Durchblicken

Blick ins Treppenhaus

Holzverschalter Naßraum im Dachgeschoß

Blick vom Treppenhaus in die Naßzelle

Räume in Bewegung. Durchblick in den Flurraum im Dachgeschoß mit den farbig lasierten Durchdringungskörpern. Die schräge, hellblau lasierte Betonwand durchdringt, von unten nach oben sicht- und ablesbar, die Medienhalle und das Dachgeschoß

Blick ins Treppenhaus, rechts der Durchblick zur Naßzelle

Durchdringungen
Energiesysteme,
Technische Gebäudeausrüstung
und Recycling

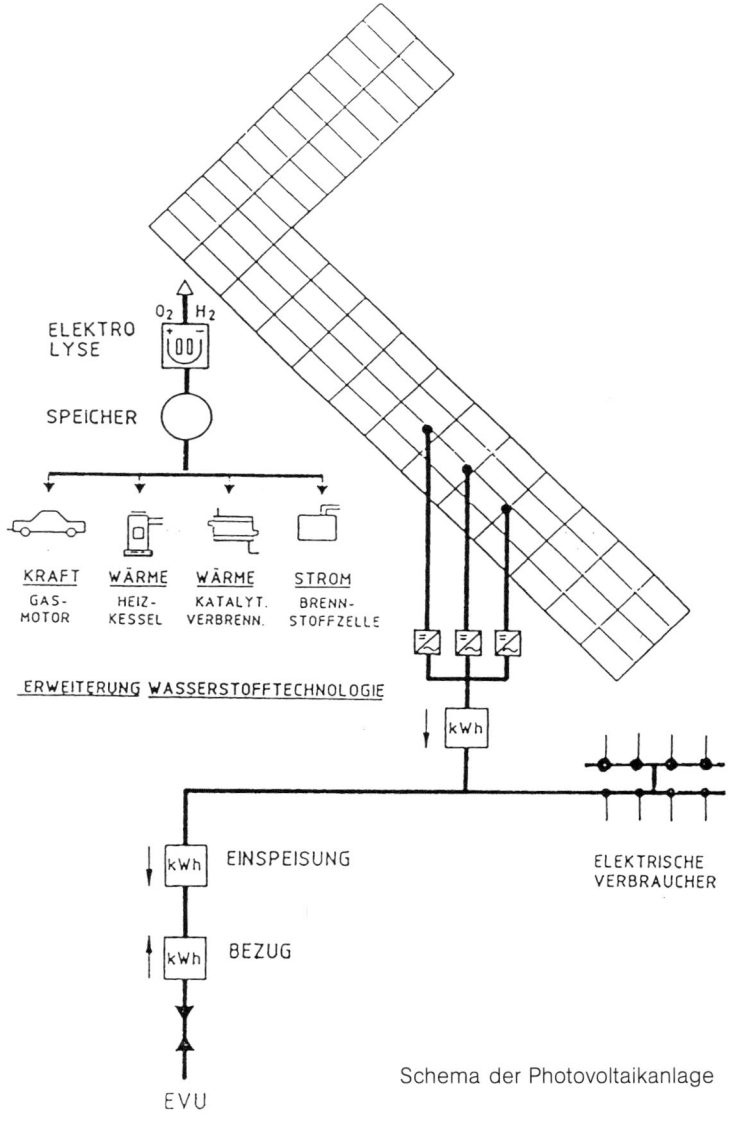

Schema der Photovoltaikanlage

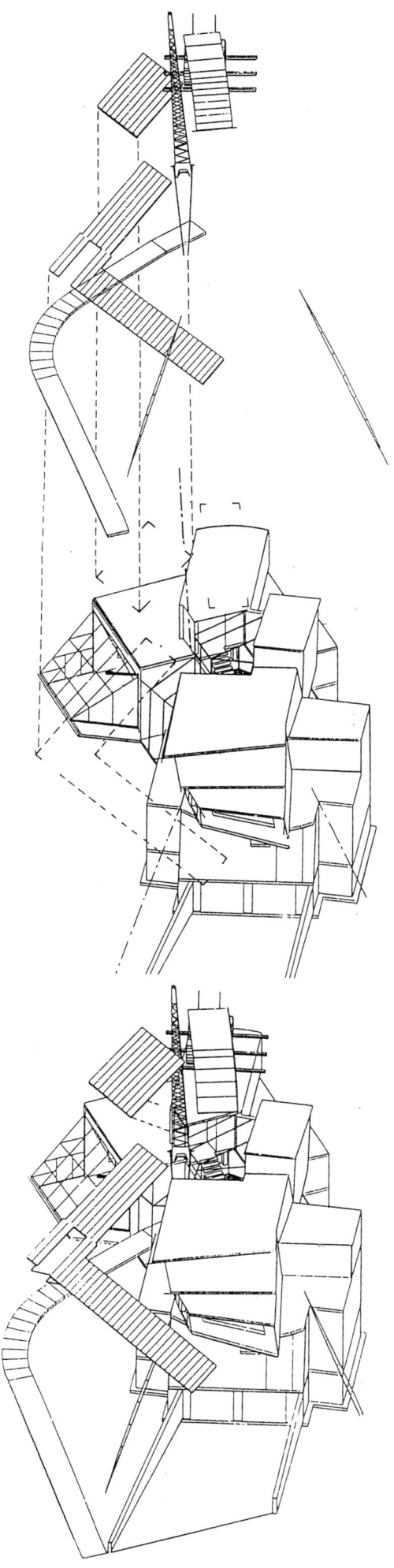

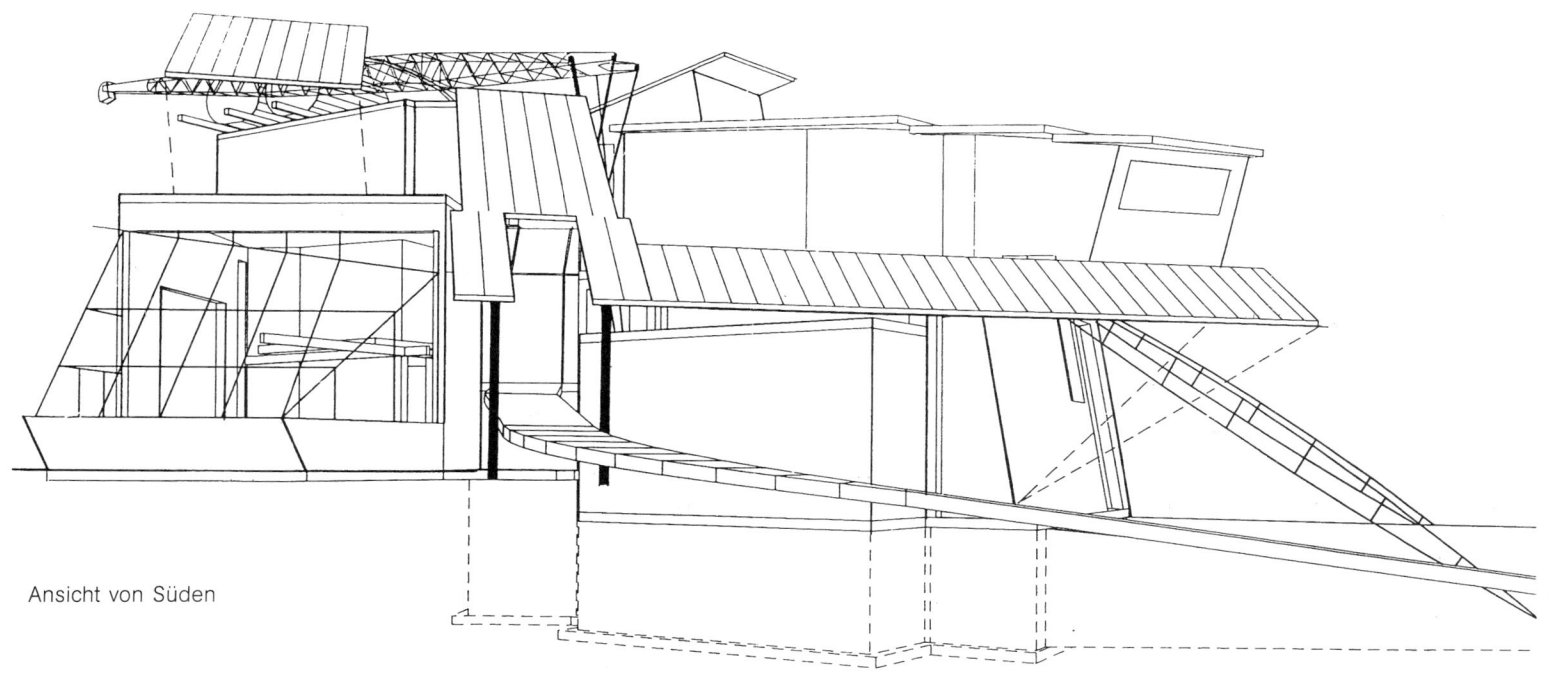

Ansicht von Süden

Energiekonzept

Grundlage des Energiekonzeptes ist ein hochwärmegedämmter Massivbaukörper als Primärsystem, der in seiner Konfiguration und Ausrichtung die Himmelsrichtungen und die damit verbundenen Sonnenstände berücksichtigt.
Das Sekundärsystem aus Leichtbauelementen recycelter Kieswerkkonstruktionen, Energiegewinnungsmodulen und einer Regenwasseranlage, ist in seinen Durchdringungs- und Anschlußbereichen von innen nach außen, thermisch vom Baukörper getrennt und gleichzeitig mit ihm in seiner kinetischen Struktur verbunden.

Photovoltaikanlage

Die L-förmige Kollektorfläche bildet eines der wesentlichen Gestaltungselemente an der Südseite des Gebäudes. Der Kollektorflügel ist funktional-ästhetisch in die Fassade integriert und dient neben der Energiegewinnung der Verschattung der Wohn- und Medienhalle im Sommer und bietet gleichzeitig Windschutz für die Zugänge.
Material: Fachwerkträger, L- und Fischbauchträger aus Stahl; Module aus multikristallinem Silizium.
Solargenerator: Nennleistung 5,4 KWP, 108 Module auf 54 qm. Der Wirkungsgrad beträgt 12,5 Prozent.
Drei Wechselrichter: Nennleistung 1 500 Watt; der Wirkungsgrad ist oberhalb 0,25 PN größer als 90 Prozent.
Der Energieüberschuß wird in das Netz eingespeist.
Die Photovoltaikanlage wird als Meß- und Demonstrationsanlage im Rahmen des Bund-Länder-Programms mit 70 Prozent der Kosten öffentlich gefördert. Eine spätere Erweiterung zur Nutzung der Anlage innerhalb der Wasserstofftechnologie ist möglich.

Unteransicht der Photovoltaikanlage. Die Energiesysteme durchziehen sichtbar das gesamte Gebäude

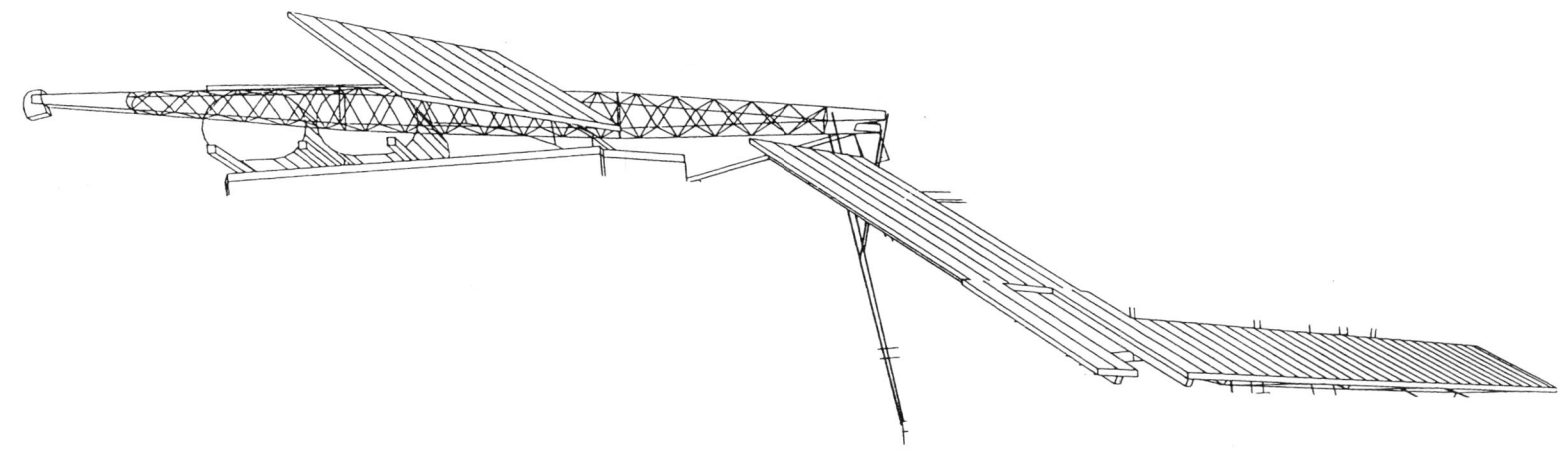

Recycelter Baggerausleger aus dem Kieswerk. Remontiert und als Tragkonstruktion für die Energiesysteme verwendet

Westansicht: Dachgeschoßkörper aus Wellblech; Regentank und Sonnenkollektoranlage; Träger (Baggerausleger) und Laufsteg (Tiefgreiferlaufsteg) sind recycelte Bauelemente

Solare Warmwasseranlage

Die Beheizung und Warmwasserversorgung des Gebäudes erfolgt über eine Solaranlage, deren Röhrenkollektoren im Dachbereich angebracht sind. Dazu gehören:

1. Vakuum-Röhrenkollektoren mit zwölf Quadratmetern Fläche. Die durchschnittliche Tageswärmemenge beträgt: 12 x 2,5 kWh entspricht 30 kWh
2. Plattenwärmetauscher zur Systemabtrennung: Wasser-Glykol/Heizungswasser
3. Anschlüsse an den hydraulisch entkoppelten Heizungsverteiler
4. Pufferspeicheranlage mit 3 x 800 Litern Fassungsvermögen; die Speicherung entspricht dem zehnfachen Tageswarmwasserbedarf eines Vier-Personen-Haushalts und dem Heizenergiebedarf von zwei Tagen
5. Warmwasserbereiter mit 800 Litern Inhalt; die Bevorratung entspricht dem 18-fachen Tagesbedarf einer Person. 5a – Kaltwasserleitung, 5b – Warmwasserleitung, 5c – Zirkulationsleitung
6. Brennwerttherme 24 kW zur Nachheizung bei längeren Sonnenscheinausfällen (Gas)
7. Heizkörper der Medien- und Mehrzweckhalle, maximale Vorlauftemperatur 60 °Celsius
8. Heizkörper in der Gebäudeskulptur, maximale Vorlauftemperatur 60 °Celsius

Die solare Warmwasseranlage wird mit einem außen- und innentemperaturabhängigen Steuerungssystem programmierbar betrieben

Der Wärmebedarf beträgt 38 Watt pro Quadratmeter gemäß DIN 4701

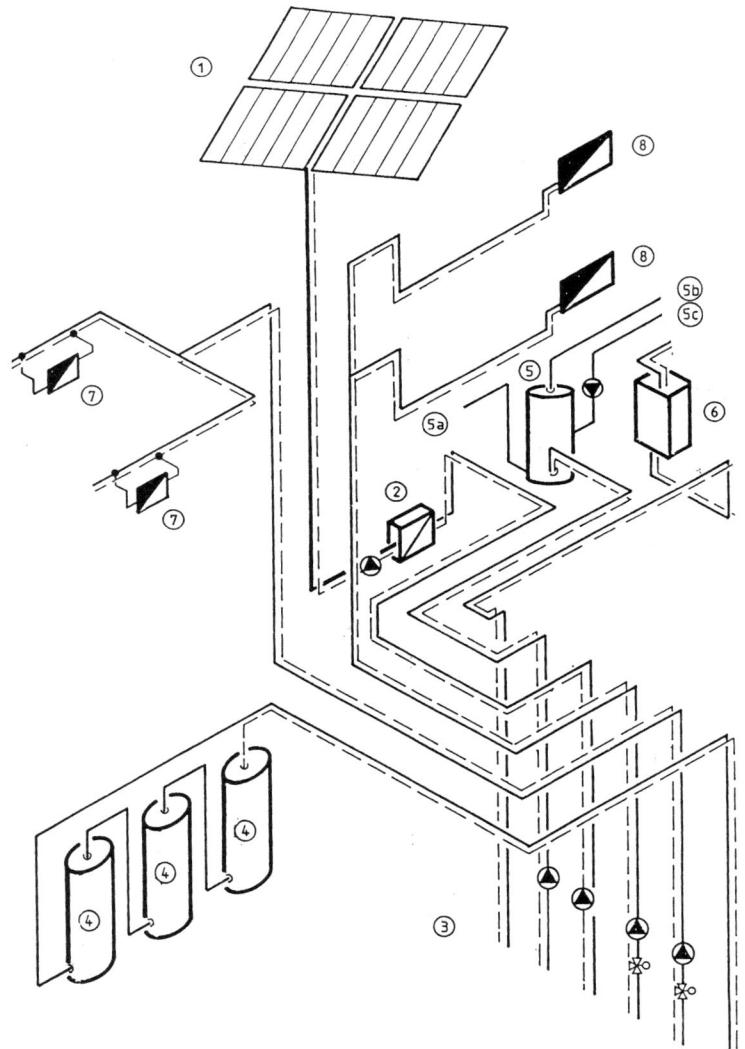

Schema der solaren Warmwasseranlage

Detail der Vakuumkollektoranlage

Nordwestansicht

Regenwassersammelanlage

Zur Versorgung der Toiletten mit Wasser im gesamten Gebäude und zur Bewässerung des Solargewächshauses, wird das Regenwasser in zwei Dachbehältern von je 2 000 Litern und einem Regenwasser-Sammeltank von 5 000 Litern Fassungsvermögen, gespeichert.

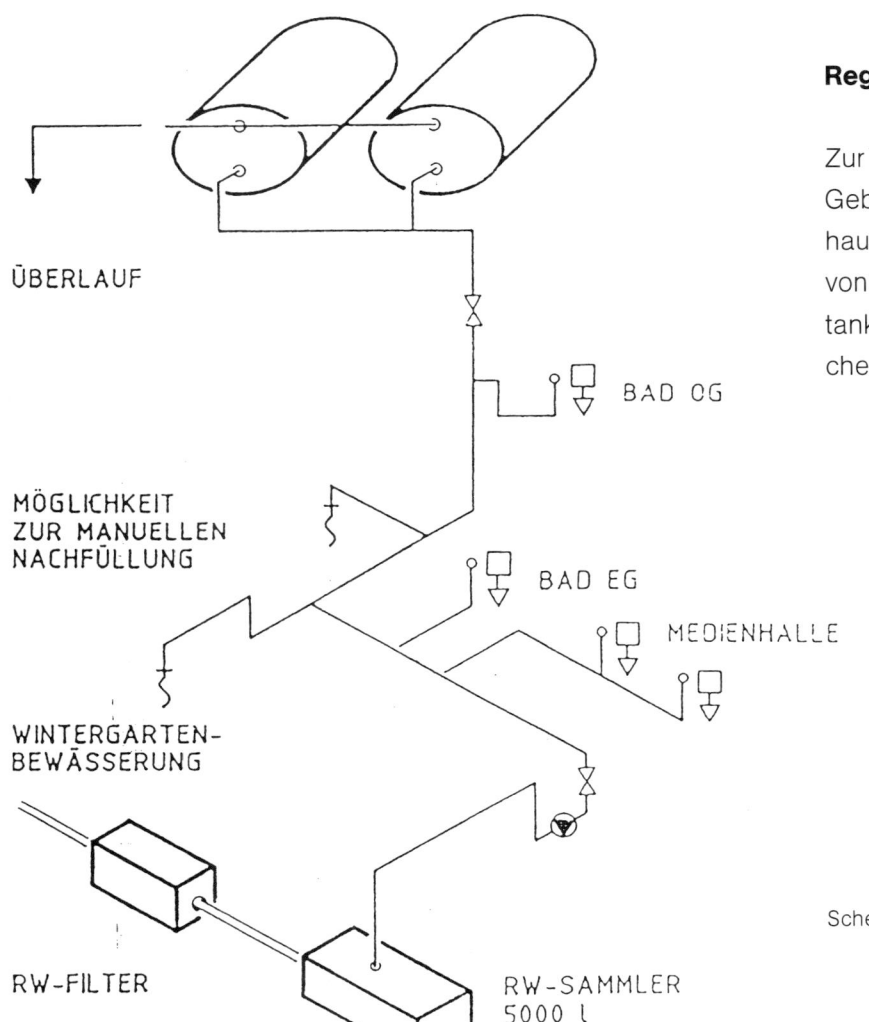

Schema der Regenwasser-Sammelanlage

Projekt Wohn- und Atelieranlage in Rackwitz bei Leipzig

Stadträumliche Voraussetzungen: Ein Areal von ca. 3 800 qm, in einem mauerumgrenzten Gehöft; Bachlauf und Obstwiesen grenzen an das Gelände.
Vorhandene Bebauung:
Wohnhaus an der Front zum Dorfplatz, Projekt Büro Lewitzki und Büro Spiegelhalter, Aachen/Freiburg
Wirtschaftsgebäude, Umbau und Erweiterung, Büro Lewitzki
Stallgebäude, Neubauprojekt Niedrigenergiehäuser, Büro Lewitzki
Scheune, ca. 52 x 18 m Fläche und 10 m Höhe, Um- und Neubauprojekt, Büro Spiegelhalter

In der ca. 9 400 cbm umfassenden Scheune entstehen Wohn- und Ateliereinheiten unter Berücksichtigung der Integration von kostengünstigen Bauteilkomponenten und Recyclingmaterialien aus der Umgebung des Projektes. Vorgesehen ist eine experimentelle, architektonisch-künstlerische Umsetzung und Einbindung von passiven und aktiven Speichermedien, die mit hohen Selbsthilfeanteilen installiert werden.
Die energetischen Aspekte des Vorhabens:
Hochwärmegedämmte Gebäudehüllen
Temporäre Glasvorbauten zur energetischen Verbesserung der Altbausubstanz nach dem Kernhausprinzip
Photovoltaik- und Vakuumkollektoren auf den vorhandenen Flächen nach Süden
Weiterführende Umsetzung von TWD-Systemen
Wärmekraftkopplung (Blockheizkraftwerk)
Biologische Abwasser-Kläranlage
Nutzkreislauf für Gebrauchtwasser (zweiter Wasserkreislauf) Regenwasser-Sammelanlage mit Speicherung

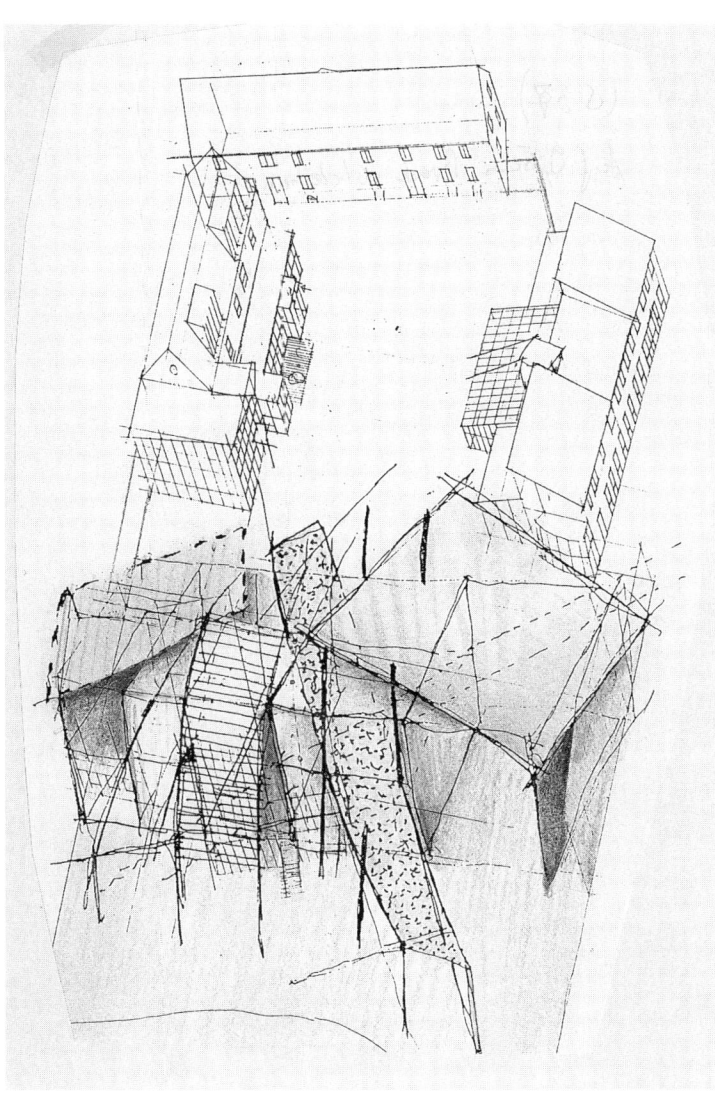

Projekte und Ausstellungen

Seit **1974** Entwurf und Realisierung von Plastiken, Skulpturen, Objekten, Räumen; **1977–82** Tätigkeiten in der Rekonstruktion, Gestaltung und Instandsetzung von technischen und historischen Kultur- und Bauobjekten; **1983** SKULTPUR-ZEICHNUNG, Ausstellung Alter Wiehrebahnhof Freiburg; Architekturpreis der Hamburger Lodders-Stiftung; **1986** Zusammenarbeit mit G. Diel, Werkstatt für Experimental-Architektur Berlin; 1. Preis im Schinkel-Wettbewerb, Sparte KUNST UND BAUEN, Märkisches Viertel Berlin; **1987** 1. Preis im Internationalen Wettbewerb zur behutsamen Verstädterung der Berliner Mauer; KOMPLEX-BRIGADE, Installation, Park der Galerie Schloß Rimsingen bei Freiburg i. Br.; MYTHOS BERLIN, Ausstellungsbeteiligung auf dem Gelände des Anhalter Bahnhofs; IBA, Tegeler Pavillon, Ausstellung (Märkisches Viertel Berlin – Schinkelpreis); EIS-MAUER, Museum, Haus am Checkpoint Charlie Berlin (Ankauf, Ausstellung); **1988** 2. Preis, Realisierungswettbewerb KUNST AM BAU, Erweiterungsbau Landratsamt Freiburg i. Br.; WESTEND-KOMPLEX-BRIGADE, Installation auf dem Gleisgelände (Künstlerbahnhof) der Karl-Hofer-Gesellschaft Berlin zur E 88; Kieswerk-Skulpturen, Entwurf, Planung, Architekturskulpturen, Siloexperimente, Innenraumkonzepte; **1989** experimentelle Siedlungskonzeptionen mit G. Dürr, Freiburg; Zusammenarbeit mit Prof. L. Thürmer, Berlin; EXPERIMENTUM HOMINIS, Video-Installation zum 6. Deutschen Kunst- und Therapiekongreß in Kassel; LOGO-MOTIV, Städtebauvorschlag mit G. Dürr, Sonderankauf der Stadt Weil am Rhein; GRAVEL-PIT, Projektierungen; **1990** diverse Baurealisierungen in Südbaden (Werkhallen, Energiehaus, Architekturskulptur); Wettbewerbsankauf Städtebau Bahlingen, mit G. Dürr, Freiburg; Kieswerk-Musikvideo mit Steve Schröder, F. u. A. Lindlar, Freiburg; GRAVEL-PITS, Architekturen, Skulpturen, Modelle, Galerie AEDES-Architekturforum Berlin; Invitation Centre Regional D'Art Contemporain Ville D'Altkirch, France/Alsace; JAMIT, Installation, Städtische Galerie Schwarzes Kloster, Freiburg; Karl-Hofer-Förderpreis (Berlin 1990) für GRAVEL PIT ARCHITECTURE; **1991** Ausstellungsbeteiligung in der Galerie Stil und Bruch, Berlin, Projekt FISCHWÄRTS; Projekt ARCHITEKTUR-SKULPTUR in Breisach; Entwurfsplanung für eine MINIMALENERGIE-SIEDLUNG; 2. Preis beim Realisierungswettbewerb BÜRGERHAUS, Schutterwald; Ankauf beim Wettbewerb Verwaltungsgebäude und Büros für den Abwasserzweckverband Breisgauer Bucht; 1. Preis (mit W. van Aaken) beim Realisierungswettbewerb HAUS DER KIRCHE UND TAGUNGSSTÄTTE in Bad Herrenalb; **1992** Projekt BERYL A, futuristisch-virtuelle Architekturinstallation im Kunstverein Freiburg e.V.; ARCHITEKTUR-SKULTPUR, Ausstellung in der Galerie Blau, Freiburg-Au, im Architekturforum AEDES in Berlin; Umbauprojekt Tennis- und Squashcenter in Weil; Konzeptplanung für das Messe- und Freizeitzentrum in Lörrach; **1993** Neubau eines Büro/Lager-Gebäudes in March (bei Freiburg); ARCHITEKTUR-INSTALLATION im Kunstverein Heilbronn; Wettbewerbsankauf Institutserweiterung der Pharmazie/Pharmalogie der Universität Freiburg; 2. Preis im städtebaulich-landschaftsgestalterischen Wettbewerb zur Bundesgartenschau in Magdeburg (1998); Architekturpreis Beton 1993 – Lobende Erwähnung; 3. Preis im städtebaulich-landschaftsgestalterischen Wettbewerb Landesgartenschau Oberhausen (1999), mit Dittus-Wolfert und Drecker; Ankauf Realisierungswettbewerb Bürgerhaus Lörrach; Experimentelles Neubauprojekt WOHNATELIERS, Rackwitz bei Leipzig; Ankauf beim Wettbewerb Realschule Stühlingen; Realisierungsprojekt Gesundheitspyramide LGA Bottrop (IPA) mit Dittus und Drecker; Forschungsprojekt FASSADENINTEGRIERTE PHOTOVOLTAIK- und INFORMATIONSSYSTEME, Leipzig/Freiburg; Ausstellung Solare Kieswerkarchitektur in der Galerie DER RAUM in Darmstadt.

Illustrierte Biographie
Illustrated Biography

1992
Konzeptplanung für Umbau/Erweiterung des Messe- und Freizeitcenters in Lörrach; Neuer Messeturm, Einbauten und Funktionsbauten

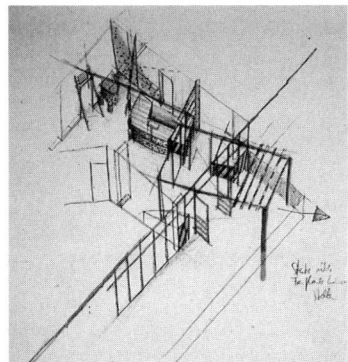

1992–1993
Künstlerisch-architektonische Umgestaltung des Tennis- und Squashcenters in Weil am Rhein; Weg-Raum-Objekte und Rezeptionsanlage

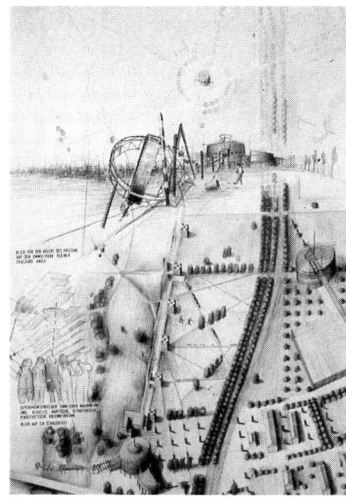

1993
2. Preis beim Ideenwettbewerb zur Bundesgartenschau in Magdeburg, 1998 (mit Dittus/Wolfert, Freiburg)

1993
Architektur-Installation »Placenta der Stadtkörper«, Kunstverein Heilbronn und Kunsthalle »Harmonie«

1993
Wettbewerbsankauf »Schafsweide/Laborgebäude für das Institut der Pharmazie/Pharmalogie der Universität Freiburg (mit Schanne/Dujmovic/Urig)

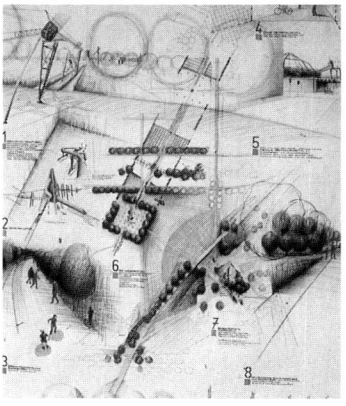

1993
3. Preis im Realisierungswettbewerb zur Landesgartenschau in Oberhausen, 1999 (mit Dittus/Wolfert/Karl/Drecker, Freiburg/Bottrop)

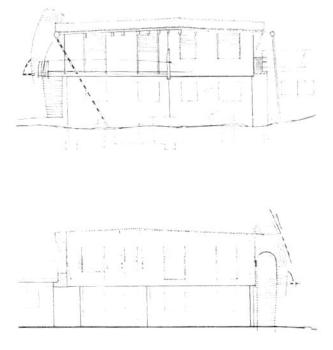

1993–1994
Erweiterungsbau eines Lager- und Bürogebäudes in March bei Freiburg

Veröffentlichungen und Beiträge

P. Voss, »Schöner Wohnen im Beton Berlin«, Bericht und Interview über die Schinkelpreise im Städtebau sowie Kunst und Bauen, ZDF, »heute journal«, März 1976

»Internationaler Ideenwettbewerb zur behutsamen Verstädterung der Berliner Mauer«, RIAS Berlin, März 1987

P. Krieg, V. Blankenburg, »Ausstellung Porphyrit, Galerie Schloß Rimsingen«, SWF 2 Kultur, August 1987

L. Juckl, Katalog: »Schinkelwettbewerb 1985/86: Märkisches Viertel«, Schinkelstiftung AIV-Berlin, März 1986

H. Moldenschardt, Manfred Sack, Katalog: Rudolf-Lodders-Preis 1985, Lodders-Stiftung Hamburg, Mai 1985

Bauwelt, »Internationaler Wettbewerb zur behutsamen Verstädterung der Berliner Mauer: Eis-Mauer«, Heft Nr. 11 und 12, 1987

DER SPIEGEL, »Der Russe von hinten: Künstlerwettbewerb zur behutsamen Verstädterung des Betonwalls«, Nr. 15, 1987

Ludovica Scarpa, Katalog: »Mythos Berlin: Konturen. Anmerkungen zu einem Wettbewerb«, Verlag Ästhetik und Kommunikation. Berlin 1987

Sonderdruck zur Ausstellung »Westend-Komplexbrigade«, Künstlerwerkstatt Karl-Hofer-Gesellschaft, Armonies-Verlag, Berlin 1988

Karl-Heinz Menzen, »Vom Umgang mit Bildern«, Claus-Richter-Verlag, Köln 1990

Thomas Spiegelhalter, in: »Komplexbrigade«, Zeitschrift für Topologie und Störungskunde, D.T.D.: ExPositionen, Hrsg. Ch. Kuppke und R. Krokowski, Armonies Verlag, Berlin Juni 1988

CRAC/Alsace, Catalogue: »Les Ateliers Du Sundgau Nr. 1/De Tout Bois/Installations/Expositions«, Centre Regional D'Art Contemporain, Altkirch/Hirzbach/Mulhouse, S. 75–79, Juni 1990

Thomas Spiegelhalter: »Gravel Pit Architecture – Architektur in der Kiesgrube, Projekte 1980–1990«, Verlag Jürgen Häusser, Darmstadt Mai 1990

W. Scherer: »Projekt Kieswerkarchitektur« von Thomas Spiegelhalter, Bericht und Interview, SWF 4 und SDR, 10. März 1991

Thomas Spiegelhalter, in: Karl-Hofer-Preis 1990, Karl-Hofer-Symposium 1990, Colloquium Verlag, Berlin 1991

W. Scherer: »Projekt Architektur-Skulptur«, Bericht und Interview mit Th. Spiegelhalter, in: SWF 2, Kultur aktuell, November 1991

Thomas Spiegelhalter: Projekt BERYL A, Deponiekörper und Mediatecturen, Verlag Jürgen Häusser, Darmstadt 1992

Thomas Spielgehalter: »Klimawerkzeug Architektur – Intelligent Buildings«, Entwurfsprojekte der Universität Kaiserslautern, Verlag Jürgen Häusser, Darmstadt 1992

Strobel: Thomas Spiegelhalter, Architektur in der Kiesgrube, Leonardo-Magazin für Architektur, 1992

Fraktale Architektur von Thomas Spiegelhalter, in: Architekturmagazin »profil«, 1992

J. Ritter: Experimental Architecture, Deutsche Bauzeitschrift, März 1992

S. Schulenburg, W. Scherer: Architektur-Skulpturen von Thomas Spiegelhalter, Deutsche Bauzeitschrift, April 1992

P. Krieg, W. Scherer: BERYL A – Installation im Kunstverein Freiburg von Th. Spiegelhalter, Interview und Bericht, SWF 2, 12. März 1992

H. Brandenburg: Kunstverein Freiburg – Installation von Th. Spiegelhalter, SWF 3, »bizz-Kulturmagazin«, Fernsehen, 10. März und 17. März 1992

H. P. Oswald: Fraktale Architektur – Aktuell, VFA Profil, »Das Architekturmagazin«, Februar 1992

Daidalos – Zeitschrift für Architektur, Kunst und Kultur: Zu Projekten von Th. Spiegelhalter, März 1991

New Architecture: Gravel Pit Architecture, Special buildings, Ediciones Atrium S. A. Barcelona, Volume 10, 1993

H. Reiners: Die Architektur als Skulptur, Realisierungsprojekt 1991–1992 von Th. Spiegelhalter, in: Neue Einfamilienhäuser, München 1993

F. Dassler zu Projekten von Th. Spiegelhalter, in: AIT, Januar/Februar 1993

M. v. Rossem: Sinfonie in Schrott, Ökohaus aus Glas und Schrott, in: Ambiente, Januar/Februar 1993

C. Jaeckel/Wagner: Architektur-Skulpturen, Art-Kunstmagazin, März/April 1993

DRS-Schweizer Fernsehen »Vernissage«-Architekturskulpturen, Liveveranstaltung in Zürich, März 1993

S. Meyer-Mietke: Kieswerkarchitektur von Thomas Spiegelhalter, Interview in NIKE, MÜnchen, April 1993

H. Brandenburg/M. Lämmle: Schrottskulptur, Landesumschau Kultur, SWF 3, Fernsehen, April 1993

W. Scherer: Design-Symposium Architektur-Skulptur, SWF 2, Hörfunk, März 1993

H. Lerch: Architektur ist kein Zufall – drei andere Projekte von Th. Spiegelhalter, in: Bausubstanz – neu genutzt, Architektur individueller Arbeitsstätten, Stuttgart 1993

M.-C. Loriers: Maison a Breisach, Zeitschrift techniques & architecture, Paris, Mai 1993

B. Fröhlich/W. Scherer: Architektur-Skulptur in Breisach, Deutsche Bauzeitschrift, Mai 1993

O. Humm/P. Toggweiler: Villa Deconstructa von Th. Spiegelhalter, in: Photovoltaik und Architektur. Die Integration von Solarzellen in Gebäudehüllen, Hrsg. Bundesamt für Energiewirtschaft, 1993

Böbel & Frey: Haus in der Kiesgrube von Th. Spiegelhalter, in: Dachkonstruktionen im Detail, 1993

Ph. Piere/Yukio Nagashima: Gravel Pit Architecture, Thomas Spiegelhalter, Editions Kodansha, 1994

Thomas Spiegelhalter

1959 in Freiburg geboren; Ausbildung als Bildhauer, 1977 Venedigstipendium; Studium der Bildhauerei (Abschluß), der 3-D-Visuellen Kommunikation (Diplom) und der Architektur (Diplom) in Bremen, Flensburg und an der Hochschule der Künste in Berlin (Meisterschüler); 1990–1992 Tätigkeiten in Lehre und Forschung an der Universität in Kaiserslautern, Fachbereich Architektur, Gebäudelehre/Entwerfen; seit 1992 Professor für Plastische und Räumliche Gestaltung an der Technischen Hochschule in Leipzig. Wohnung, Atelier und Architekturbüro befinden sich in Freiburg.